María Pache Durán
Esteban Pérez Calderón

Ecoeficiencia: Praxis y Performance en los grupos cotizados españoles

AF820461

María Pache Durán
Esteban Pérez Calderón

Ecoeficiencia: Praxis y Performance en los grupos cotizados españoles

Un estudio empírico de la actuación ecoeficiente

PUBLICIA

Impressum / Aviso legal
Bibliografische Information der Deutschen Nationalbibliothek: Die Deutsche Nationalbibliothek verzeichnet diese Publikation in der Deutschen Nationalbibliografie; detaillierte bibliografische Daten sind im Internet über http://dnb.d-nb.de abrufbar.
Alle in diesem Buch genannten Marken und Produktnamen unterliegen warenzeichen-, marken- oder patentrechtlichem Schutz bzw. sind Warenzeichen oder eingetragene Warenzeichen der jeweiligen Inhaber. Die Wiedergabe von Marken, Produktnamen, Gebrauchsnamen, Handelsnamen, Warenbezeichnungen u.s.w. in diesem Werk berechtigt auch ohne besondere Kennzeichnung nicht zu der Annahme, dass solche Namen im Sinne der Warenzeichen- und Markenschutzgesetzgebung als frei zu betrachten wären und daher von jedermann benutzt werden dürften.

Información bibliográfica de la Deutsche Nationalbibliothek: La Deutsche Nationalbibliothek clasifica esta publicación en la Deutsche Nationalbibliografie; los datos bibliográficos detallados están disponibles en internet en http://dnb.d-nb.de.
Todos los nombres de marcas y nombres de productos mencionados en este libro están sujetos a la protección de marca comercial, marca registrada o patentes y son marcas comerciales o marcas comerciales registradas de sus respectivos propietarios. La reproducción en esta obra de nombres de marcas, nombres de productos, nombres comunes, nombres comerciales, descripciones de productos, etc., incluso sin una indicación particular, de ninguna manera debe interpretarse como que estos nombres pueden ser considerados sin limitaciones en materia de marcas y legislación de protección de marcas y, por lo tanto, ser utilizados por cualquier persona.

Coverbild / Imagen de portada: www.ingimage.com

Verlag / Editorial:
PUBLICIA
ist ein Imprint der / es una marca de
OmniScriptum GmbH & Co. KG
Bahnhofstraße 28, 66111 Saarbrücken, Deutschland / Alemania
Email / Correo Electrónico: info@editorial-publicia.com

Herstellung: siehe letzte Seite /
Publicado en: consulte la última página
ISBN: 978-3-639-64997-0

Copyright / Propiedad literaria © 2015 OmniScriptum GmbH & Co. KG
Alle Rechte vorbehalten. / Todos los derechos reservados. Saarbrücken 2015

ÍNDICE GENERAL

ÍNDICE DE FIGURAS

ÍNDICE DE TABLAS

RESUMEN

En el último cuarto de siglo ha proliferado una multitud de estudios sobre los comportamientos socialmente responsables de las empresas así como de sus efectos sobre su performance económica y financiera. Ello ha sido debido a la responsabilidad de las empresas en lo referido a la violación de derechos humanos, deterioro medioambiental o la falta de ética en la gestión empresarial. Este hecho ha sido identificado por empresas visionarias y líderes en sus sectores como una oportunidad más para incrementar el valor que venían generando desde sus negocios. Surge, de esta manera, una nueva línea de investigación denominada la teoría de la Ecoeficiencia. El fundamento de sus planteamientos se basa en que las empresas pueden conseguir optimizar sus beneficios económicos y aumentar la revalorización de sus acciones y su imagen corporativa, minimizando a su vez el impacto sobre el medio ambiente. Por ello, el objetivo del presente trabajo es observar los comportamientos y posibles efectos sobre la performance de una serie de grandes grupos empresariales españoles. Para nuestro propósito se realizó un análisis tomando los datos de emisiones y beneficios de 27 empresas españolas cotizadas presentes en la base de datos del Carbon Disclosure Project (CDP) de la evolución de los ratios de eficiencia de los años 2010 a 2012, haciendo una comparativa con las empresas mejor valoradas según los informes anuales disponibles y viendo la evolución de su ecoeficiencia entre los distintos años. Los resultados obtenidos señalan que el hecho de pertenecer a un sector específico, resulta la variable más asociada con el índice de ecoeficiencia, siendo las pertenecientes a los sectores de petróleo y energía, y materiales básicos industria y construcción, las empresas que más emisiones de CO_2 emiten, caracterizándose este último sector por tomar conciencia en los últimos tres años y con expectativas de un progreso favorable en el futuro.

Palabras clave: Ecoeficiencia, Carbon Disclousure Project, grupos empresariales españoles.

1. Teoría de la Ecoeficiencia

En el último cuarto de siglo ha proliferado una multitud de estudios sobre los comportamientos socialmente responsables de las empresas así como de sus efectos sobre su performance económica y financiera (Salzmann et al., 2005; Fernández y Luna, 2007). Ello ha sido debido a la responsabilidad de las empresas en lo referido a la violación de derechos humanos, deterioro medioambiental o la falta de ética en la gestión empresarial (Moneva y Llena, 2006; Pajuelo, 2014).

La responsabilidad medioambiental resulta de especial interés siendo uno de los tres pilares que forman parte del concepto de sostenibilidad y de responsabilidad social corporativa (RSC) (GRI, 2006).

La Responsabilidad Social Corporativa (RSC), también llamada Responsabilidad Social Empresarial (RSE), es un concepto amplio y complejo que, aunque hay múltiples definiciones, no hay una clara unanimidad, debido a la variedad de temas que aborda (éticos, económicos, ambientales y sociales). A pesar de su importancia y cientos de estudios realizados, la RSE aún carece de una definición generalmente aceptada (Green y Peloza, 2011), por lo que se considera que la RSC ha de ser entendida como un procedimiento o camino de integración y mejora continua (Haro et al., 2012). En general, la sostenibilidad de la empresa y la RSE se refieren a actividades de la empresa - voluntaria por definición - que demuestra la inclusión de las preocupaciones sociales y medioambientales en las operaciones comerciales y en las interacciones con las partes interesadas (Van Marrewijk, 2003). Otros la definen como cualquier actividad "responsable" que permite a una empresa para lograr una ventaja competitiva sostenible, independientemente del motivo (McWilliams y Siegel, 2011; Barney, Ketchen y Wright, 2011).

Este comportamiento eco-responsable, si es bien gestionado, puede repercutir sobre el beneficio económico y generación de valor para la empresa. Así, sobre todo en las grandes empresas, el interés de incluir estas actuaciones en los planes estratégicos y políticas de información a sus grupos de interés se ha visto incrementado en la última década (Milne y Gray, 2007; KPMG, 2005; Luna y Maigual, 2012; Porter y Kramer, 2002).

En el ámbito de responsabilidad y actuación medioambiental nos centramos en la gestión que realizan las empresas de sus consumos energéticos y emisiones a la atmósfera que relativizado con los resultados o las inversiones daría lugar a lo que se denomina como Ecoeficiencia. El concepto de Ecoeficiencia se basa primordialmente en crear más bienes y servicios utilizando menos recursos y generando menos contaminación. Esta teoría defiende la posibilidad de mantener la eficacia de las empresas maximizando su eficiencia, esto es, reduciendo los inputs y creando valor pero minimizando su impacto sobre el medio ambiente (Huppes y Ishikawa, 2005; Clarkson et al., 2011). Se trata de una línea de investigación socio-económica que estudia las posibles relaciones entre la performance medioambiental y la performance económico-financiera (Birkin y Woodward, 1997).

En la búsqueda de una definición adecuada, que incluyera la amplitud de la ecología ligado al medio ambiente, se podría definir como la estrategia medioambiental cuyo objetivo fundamental consiste en reducir el impacto de un producto o servicio, aumentando la eficiencia de utilización de los recursos, cumpliéndose la llamada "Triple E", Economía, Equidad, Ecología (Ayestarán, 2006; Sen et al., 2006).

Dentro de una empresa, podemos entender la Ecoeficiencia como la relación que existe entre el valor del producto o servicio que produce la empresa en cuestión y la suma derivada de los impactos ambientales a lo largo de su ciclo de vida, es decir:

$$Ecoeficiencia = \frac{Valor\ del\ producto\ o\ servicio}{impacto\ ambiental} \qquad (1)$$

Entre los efectos de una actuación ecoeficiente cabría esperar la alineación de los intereses de los grupos de interés con los que pueda fijarse la propia empresa (Freeman, 1984; Cornell y Shapiro, 1987; Sen et al., 2006; Adams y Frost, 2008). La satisfacción de estos grupos de interés repercutiría sobre el incremento de la creación de valor para la organización desde una triple perspectiva:

1. Interna: con la mejora de los resultados gracias a las ventajas competitivas que se consiguen con la disminución de los costes de producción, aumentando la motivación del personal o evitando posibles gastos extraordinarios provocados por contingencias laborales, sociales o medioambientales (Porter y Kramer, 2002; Nieto y Fernández, 2004; Fernández, 2010);
2. Externa: influyendo en el aumento de la cifra de negocio, provocando el aumento de la demanda sobre las acciones de la compañía incrementando su precio en los mercados organizados, disminuyendo el riesgo financiero, afectando al éxito en el proceso de internacionalización o mejorando la reputación de la compañía (Argandoña, 2007);

3. conjunta, por las uniones creadas entre las dos perspectivas anteriores, favoreciéndose una a otra, por lo que el aumento del tamaño de la empresa y su expansión favorecerá la generación de resultados y éstos incitarán a los futuros accionistas a asumir un aumento en el precio de las acciones. También, el aumento en los resultados gracias a la RSC generará recursos extra que, en parte, pueden ser destinados de nuevo a la gestión socialmente responsable (Waddock y Graves, 1997; Orlitzky et al., 2003).

En la literatura revisada encontramos distintas corrientes de opinión sobre la relación entre la performance social-medioambiental, la performance económico-financiera. Por un lado, algunos académicos argumentan el efecto negativo que se puede esperar sobre la performance económica y financiera si la empresa decide adoptar una política de protección medioambiental. Esto es debido a que las inversiones que se requieren para disminuir las emisiones o mejorar el aprovechamiento de los recursos naturales suponen un coste excesivo que hace minorar los resultados del ejercicio (Walley y Whitehead, 1994; Jaffe et al., 1995; Lothe et al., 1999; Sueyoshi y Goto, 2009; Rassier y Earnhart, 2010). Por otro lado, encontramos la postura contraria, el efecto positivo, argumentando que las empresas con un buen desempeño medioambiental consiguen ventajas competitivas que hacen mejorar la productividad de los trabajadores, los consumos de recursos, evita costes referidos a litigios o incrementa las ventas y el valor de las acciones por la motivación extra que supone este tipo de comportamiento en los clientes y accionistas de la firma (Hart y Ahuja, 1996; Hart, 1997; King y Lenox, 2002; Melnyk et al., 2003). También se cuenta con trabajos en los que no se demuestra un efecto positivo aunque tampoco negativo entre este tipo de comportamientos socialmente responsables y la performance económico-financiera (Birkin y Woodward, 1997).

La teoría conocida como la hipótesis de Porter ha sido empleada como referencia para argumentar los efectos positivos de una buena gestión medioambiental sobre los resultados económicos de las empresas (Porter, 1991; Porter y Van der Linde, 1995). Estos autores defienden que la contaminación por parte de las empresas representa una fuente de ineficiencia. Su hipótesis de trabajo parte de la idea de que la contaminación provocada por las empresas es un signo de atraso tecnológico, mala gestión e inadecuado uso de los recursos productivos. Así, las empresas que consiguen reducir su contaminación también reducirán sus costes medioambientales y de producción, incrementando así su diferenciación respecto a sus competidores o la atracción de nuevos clientes sensibilizados por la protección medioambiental. Es lo que se conoce como estrategia "win-win" (Hart, 1995; Sharna y Vrendenburg, 1998; Majumdar y Marcus, 2001). Según lo anterior una regulación más exigente con la gestión medioambiental conllevaría una mayor competitividad, innovación, eficiencia o rentabilidades en las empresas (Shrivastava, 1995; Aragon-Correa y Sharma, 2003; Ekins, 2005).

Por todo ello, nuestro objetivo será analizar la divulgación de información sobre comportamientos medioambientalmente responsables en grandes grupos empresariales españoles analizando, por tanto, la relación entre una actuación Ecoeficiente y la Performance de este tipo de organizaciones.

2. Datos y Metodología de Análisis

Para la parte empírica, se realizará un análisis tomando los datos de emisiones y beneficios de las empresas españolas cotizadas presentes en la base de datos del Carbon Disclosure Project (CDP), de la evolución de los ratios de eficiencia de los años 2010 a 2012, haciendo una comparativa con las empresas mejor valoradas según los informes anuales disponibles y viendo la evolución de su ecoeficiencia entre los distintos años. A su vez, y como comparativa, se realizará un análisis de la frontera estocástica tomando los mismos datos, lo que nos permitirá un estudio más riguroso del nivel de ecoeficiencia de las empresas estudiadas.

2.1. The Carbon Disclosure Project

De acuerdo con lo que encontramos en CDP (2013), se trata de una organización internacional sin ánimo de lucro, dedicada a la divulgación de información ambiental. Cuenta con una amplia base de datos sobre empresas que publican informes sobre cambio climático, agua y bosques. Esta herramienta, trata de hacer que las empresas se animen a publicar su impacto medioambiental, como un medio también de tomar las medidas necesarias para reducirlo. La misión del CDP, es actuar frente al cambio climático, mejorar el uso de los recursos naturales, a la vez que facilita información para la toma de decisiones, la inversión y la política.

El CDP es también una iniciativa del sector financiero, ya que ayuda a los inversores a tomar decisiones con respecto a las empresas que publican información a través de su base de datos, tomando como factor estratégico el cambio climático, informando así sobre riesgos y oportunidades. Según la página web de empresas líderes en Responsabilidad Social para el Desarrollo Sostenible, el CDP representa a más de 500 grandes inversores de todo el mundo, a los que revela información ambiental de unas 4.700 empresas, las cuales hayan querido anteriormente participar publicando su impacto.

El CDP tuvo comienzo en el año 2000, cuando se comenzó a pedir a las empresas que publicaran sus emisiones de CO_2 y cuáles eran sus medidas para reducirlos, con el apoyo del sector financiero. En 2003 fue enviada la primera solicitud a 500 empresas y firmada por 35 inversores. Actualmente, en el año 2013, ha alcanzado una cifra de 722 inversores que han firmado sus solicitudes. Debido a este logro y evolución del CDP, ya no sólo se dedica a cuestiones de carbono y clima, como en sus inicios, sino que se dedica también a los recursos naturales, especialmente al agua y los bosques.

La organización ha desarrollado una serie de programas que se llevan a cabo en la actualidad (Tabla 1):

- Carbon action: Es una iniciativa liderada por los inversores para acelerar la acción de las empresas con respecto a la reducción de carbono y la eficiencia energética de sus actividades, lo que proporcionaría un rendimiento satisfactorio de la inversión.
- Cities: Se trata de datos proporcionados por gobiernos locales sobre sus emisiones. Así, ayuda a las ciudades, a los ciudadanos y a las empresas que se afincan en ellas, a

entender los riesgos y oportunidades del cambio climático y a emprender estrategias para su mitigación.

- Reporter services: Es un servicio de información, que proporciona datos, apoyo y conocimiento a las empresas para reducir las emisiones y mejorar el rendimiento de su negocio. Esto les permite a las empresas hacer comparaciones y analizar los riesgos y oportunidades procedentes del cambio climático.
- Climate Disclosure Standards Board: En español Consejo de Normas de Divulgación Climática. Es un proyecto especial del CDP, que apoya la introducción de información sobre cambio climático en la información financiera de la organización, mediante un marco de información. Se trataría de unir ambos tipos de informaciones y proporcionar a los inversores y administradores, datos claros para la toma de decisiones.
- Supply chain: Este programa permite a las organizaciones involucrar a sus proveedores en el análisis de los riesgos y oportunidades con respecto al cambio climático y la gestión de la emisión de gases de efecto invernadero.
- Climate change, Water y Forests: El cambio climático, la deforestación y la escasez de agua, representa riesgos y oportunidades para el sector financiero. Estas bases de datos, permiten a las empresas de todo el mundo, medir, administrar y publicar sus datos sobre cambio climático, agua y bosques. Esto sirve de ayuda a los inversores, para tomar decisiones estratégicas con el objetivo de reducir el riesgo en sus carteras. Son tres programas diferentes de CDP, y cada uno emite sus informes anuales, no obstante su información es divulgada bajo el mismo estándar. El programa Forests ayuda

a los inversores y empresas de todo el mundo a hacer frente a la deforestación, que representa el 15% de las emisiones globales de efecto invernadero.

Tabla 1. Programas CDP

CARBON ACTION	CITIES	CLIMATE DISCLOSURE STANDARDS BOARD	CLIMATE CHANGE
FORESTS	REPORTER SERVICES	SUPPLY CHAIN	WATER

Fuente: CDP (2013)

El CDP cuenta también con empresas españolas en su base de datos, en 2013, eran 29 empresas las que proporcionaban una amplia información sobre su actuación frente al cambio climático. De esta manera, buscando en dicha base de datos, se puede ver lo que estas empresas están publicando.

2.1.1. Base de datos, variables y metodología de estudio

Para nuestro propósito, comenzaremos tomando estas 29 empresas españolas cotizadas con el fin de analizar su comportamiento ecoeficiente, realizando un análisis del comportamiento tanto por empresas como por sectores.

Para realizar el estudio, se analizan los informes de los años 2009 a 2012, encontrándonos con una pequeña proporción de éstos en 2009, por lo que se decide analizar únicamente los tres últimos años. A su vez, la base de datos del CDP no muestra ningún informe con los datos referidos a 2010 en las compañías "International Consolidat. Airlines Group (IAG), S.A." y "Acerinox,

S.A.", por lo que se decide prescindir de estas dos empresas, quedándonos, por tanto, con 27 empresas españolas cotizadas como objeto de estudio, pertenecientes a los sectores petróleo y energía, materiales básicos, industria y construcción, bienes de consumo, servicios de consumo, servicios financieros e inmobiliarios y tecnología y comunicaciones (Anexo 1), definiéndose, por tanto, 6 sectores (Tabla 2).

Tabla 2. Tipos de sectores

SECTOR 1	Petróleo y energía
SECTOR 2	Mat. Básicos, Industria y Construcción
SECTOR 3	Bienes de Consumo
SECTOR 4	Servicios de Consumo
SECTOR 5	Servicios Financieros e Inmobiliarios
SECTOR 6	Tecnología y Telecomunicaciones

Fuente: Elaboración Propia a partir de la Bolsa de Madrid (2014)

Comenzamos con un análisis de las toneladas métricas de CO_2 que emiten estas empresas, para lo cual se ha recogido información en los cuestionarios de los proyectos CDP Investors, CDP Supply Chain y CDP Water Disclosure, tomados de la base de datos del CDP. Pero, ¿cómo nos informan estas empresas de las emisiones de gases del efecto invernadero? Según la Agencia de Protección Ambiental (Environmental Protection Agency, EPA) de Estados Unidos, las emisiones de gases del efecto invernadero, generados directa e indirectamente por una entidad, se pueden clasificar en "ámbitos", basados en la fuente de las emisiones (EPA, 2014):

Ámbito 1 (Scope1): son emisiones directas de gases del efecto invernadero procedentes de fuentes que son propiedad o están controladas por la entidad. Se pueden incluir las emisiones de combustibles fósiles quemados en el lugar, las emisiones propiedad de la entidad o de los vehículos de la entidad, y otras fuentes directas.

Ámbito 2 (Scope2): son emisiones indirectas de gases del efecto invernadero resultantes de la generación de electricidad, calefacción y refrigeración, o el vapor generado fuera de sitio, pero adquirido por la entidad, así como las pérdidas de transmisión y distribución (T y D) asociados con algunas empresas de servicios adquiridos (por ejemplo, agua fría, vapor, y la alta temperatura del agua caliente).

Ámbito 3 (Scope3): incluyen las emisiones indirectas de gases del efecto invernadero procedentes de fuentes que no son propiedad de la entidad o no son controladas directamente por ésta, pero relacionados con las actividades de la entidad.

Así, las entidades que ofrecen información al CDP, lo hacen de sus emisiones de toneladas métricas de CO_2 referidos a los ámbitos 1 y 2.

Adicionalmente, para la realización del estudio se analizaron los informes anuales del grupo de empresas españolas cotizadas estudiadas, obligadas a rendir información en la Comisión Nacional del Mercado de Valores (CNMV, 2014). Dada la selección del periodo 2010-2012, se analizaron un total de 54 informes, obteniéndose información financiera de cada una de las entidades.

Como hemos visto, podemos calcular la Ecoeficiencia como la relación que existe entre el valor del producto o servicio que produce la empresa en cuestión y la suma derivada de los impactos ambientales a lo largo de su ciclo de vida, es decir: Ecoeficiencia = valor del producto o servicio / impacto ambiental. En nuestro caso utilizaremos la relación revertida porque nos parece más sencilla su lectura, es decir, compararemos las emisiones generadas con las inversiones y resultados obtenidos, toneladas de CO_2 emitidas por euro invertido o de resultado obtenido. En este caso las empresas más ecoeficientes serán las que menor ratio presenten.

Tabla 3. Principales Ratios

RATIO 1 (R1)	Scope1+Scope2/ Total Activo
RATIO 2 (R2)	Scope1/ Total Activo
RATIO 3 (R3)	Scope2/ Total Activo
RATIO 4 (R4)	Scope1+Scope2/ BAII
RATIO 5 (R5)	Scope1/ BAII
RATIO 6 (R6)	Scope2/ BAII

Fuente: Elaboración Propia

De esta forma, se realiza un análisis de corte descriptivo, analizando la relación lineal que existe entre la variable "toneladas métricas de CO_2" obtenidas en los informes del CDP, en función de otras dos variables, "total de activos" y "BAII[1]", extraídos a partir de los informes anuales de la CNMV, ambos en miles de euros. Se definen así seis tipos de ratios para medir la ecoficiencia (Tabla 3).

Se ha considerado relevante incluir una tabla resumen para cada uno de los años estudiados, en la que se detalla la información necesaria recabada del Total de Activos, BAII y Emisiones de CO_2 (Scope1 y Scope2), de las empresas españolas analizadas (Ver Anexo 2).

2.2. Análisis Frontera Estocástica

En gran parte de la literatura sobre ecoficiencia, el modelo más comúnmente utilizado es el Análisis Envolvente de Datos (AED). Esto quizás es debido a las dos grandes ventajas con las que cuenta. La primera es su facilidad de aplicación y la segunda es que no necesita la estimación de una función de producción o de costes pues parte de la suposición de que no existen fluctuaciones estocásticas en la frontera del coste. El AED es una metodología no paramétrica, la cual aplica una programación lineal matemática que consigue discriminar aquellas unidades de producción que son eficientes de las que no lo son. El método optimiza cada observación y construye una frontera óptima con aquellas observaciones más eficientes quedando las ineficientes situadas por debajo de la misma (Farrell, 1957; Farrell y Fieldhouse, 1962).

[1] El beneficio antes de intereses e impuestos, cuyo acrónimo es BAII, es un indicador del resultado de explotación de una empresa sin tener en cuenta los ingresos y costes financieros, que dependen de la forma en que está financiada la empresa y los tipos de interés, y sin tener en cuenta el impuesto sobre sociedades que puede variar entre distintos países.

El otro gran modelo utilizado en estudios de este tipo es el análisis de la frontera estocástica (AFE). En este caso sí que se precisa una función y la bondad de su ajuste condicionará las estimaciones que se realicen. La gran ventaja de este método es que descompone el error en ruido y desviaciones asociadas a la eficiencia. El AFE es un método paramétrico estocástico, que permite la distinción de la influencia del ruido y de la ineficiencia soportada por una unidad productiva. Este es el modelo de frontera de eficiencia productiva que elegimos para este trabajo ya que frente al AED contaría con ciertas ventajas, a saber (Hu et al., 2010):

1. cuenta con bastantes desarrollos estocásticos que justifican y avalan las especificaciones del modelo más comúnmente utilizadas por los investigadores. Las funciones de distribución empleadas para representar el término de la ineficiencia técnica es la semi-normal, exponencial y una normal truncada (Coelli et al., 1998; Kumbhakar y Lovell, 2003). Los errores se asume que se distribuyen como una normal de doble cola con media y varianza cero.

2. Si se decide incluir alguna variable que resulte irrelevante para el modelo no afecta negativamente a la formación de la frontera de eficiencia óptima.

3. La ya citada descomposición del término error en ruido e ineficiencia.

Desde el pionero trabajo de Farrell (1957) han sido muchas las investigaciones que han utilizado la frontera de eficiencia óptima para discriminar unidades de producción atendiendo a su mejor uso de la técnica, tecnología, gestión, situación geográfica, tamaño, tipo de propiedad, entre otros factores.

Los primeros trabajos que utilizan una frontera estocástica de producción fueron Aigner et al. (1977) y Meeusen y Van den Broeck (1977). Esta metodología se amplía al tratamiento de datos en panel en los trabajos de Schmidt y Sickles (1984), Battese y Coelli (1988, 1992) y Cornwell et al. (1990). En nuestro trabajo aplicamos el AFE partiendo de estos trabajos sobre una muestra de datos en panel donde todas las variables son cantidades y suponiendo la eficiencia técnica variante en el tiempo (la eficiencia variará en el tiempo y entre las unidades de output). El modelo de partida queda representado en la siguiente expresión:

$$\boxed{Y_{it} = f(X_{it}\mathrm{B}) + e_{it}} \quad ; \quad i = 1, 2,\ldots N; \; t = 1, 2,\ldots T \quad (1)$$

$$\boxed{Ln\ y_{it} = \beta_{0t} + \beta\ Lgx_{it} + e_{it}} \quad , \quad (2)$$

$$\boxed{Ln\ y_{it} = \beta_{it} + \beta\ Lg\ x_{it} + v_{it}} \quad , \quad (3)$$

donde el subíndice i se refiere a la i-ésima unidad productiva y t al periodo. El resto de variables se refieren a lo descrito a continuación:

y_{it}: cantidad de output obtenida;

x_{it}: vector de inputs utilizados;

β: vector de parámetros a estimar;

β_{0t}: intercepto de la frontera de producción estimada para las unidades productivas analizadas en el periodo t;

β_{it}: intercepto para cada unidad productiva i en el periodo t, siendo $\beta_{it} = \beta_{0t} - u_{it}$;

e_{it}: término error, $e_{it} = v_{it} - u_{it}$. Se trata de una perturbación aleatoria con una doble componente. La primera de ellas, v_{it}, recoge el efecto de factores aleatorios no controlables por las unidades productivas. Se asume que es independiente respecto a las variables explicativas (x_{it}) y la ineficiencia técnica (u_{it}), además de encontrarse simétricamente distribuida con media cero y varianza constante σ_v^2, es decir N $(0, \sigma_v^2)$.

Respecto a la segunda componente, u_{it}, representa la ineficiencia para cada unidad productiva en particular. En este caso se trata igualmente de una perturbación aleatoria que toma valores no negativos ($u_{it} \geq 0$). En este caso las suposiciones de distribución más utilizadas han sido (Coelli et al., 2005): como una semi-normal con media cero y varianza σ_u^2, $N^+(0, \sigma_u^2)$; como una normal truncada con media μ y varianza σ_u^2, $N^+(\mu, \sigma_u^2)$. En cualquiera de los casos anteriores vamos a suponer que u_{it} se distribuye de forma independiente e idéntica respecto al término v_{it}.

Battesse y Coelli (1992) propusieron un modelo en el que el componente ineficiencia del término error sigue una distribución exponencial en el tiempo: $u_{it} = \{\exp[-\eta(t-T)]\}u_i$, donde u_{it} es una función exponencial de η que sería un parámetro a estimar.

Bajo los supuestos anteriores de distribución del término error[2], como hicieran Chen (2007) y Hu et al. (2010), la ecuación de la función de la frontera de eficiencia (3) puede estimarse por el método de máxima verosimilitud. Para ello, siguiendo a Battese y Corra (1977), podemos parametrizar la varianza como se indica a continuación:

$$\sigma^2 = \sigma_u^2 + \sigma_v^2 \qquad \gamma = \sigma_u^2 / (\sigma_v^2 + \sigma_u^2) \tag{4}$$

La eficiencia técnica para cada una de las unidades productivas analizadas en los distintos años vendría dada por la siguiente expresión:

$$ET_{it} = \exp(-u_{it}), \tag{5}$$

donde $0 \leq ET \leq 1$, estando condicionada la ET al valor tomado por la u_{it}. De este modo las empresas cuya ineficiencia sea igual a cero se situarán en la frontera de eficiencia estimada alcanzando la máxima eficiencia. En el caso contrario, si la u_{it} toma un valor superior a cero hará que la unidad analizada se sitúe por debajo de la frontera de eficiencia reflejando así su ineficiencia.

Por tanto, la frontera eficiente de producción identifica la máxima cantidad de producto que una determinada unidad de producción puede obtener o los beneficios que ha podido generar (outputs) a partir de un conjunto de recursos consumidos (inputs).

---

[2] Bajo esta suposición de independencia y distribución del término error podemos realizar la estimación del modelo de eficiencia técnica variante en el tiempo empleando la técnica de máxima verosimilitud (MV) como método de estimación para el modelo de efectos aleatorios. En este caso no se considera la posibilidad de encontrarnos con heterocedasticidad entre los errores debidos al ruido (v_{it}) y el causado por la ineficiencia técnica (u_{it}).

En nuestro trabajo esperamos que esta metodología nos discrimine las empresas que son ecoeficientes de las que no, en términos de resultados obtenidos respecto a las emisiones de CO_2 realizadas. Una empresa será ineficiente cuando no ajuste su output en términos de resultados con el máximo teórico en función de las emisiones emitidas.

Para realizar el estudio se define la siguiente función de producción:

$$\log TC_{it} = \beta_0 + \beta_1 \log (x_1) + \beta_1 \log (x_2) + e_{it}, \text{ dónde} \qquad (6)$$

$\log TC_{it}$: logaritmo del total de los resultados obtenidos, BAII (€)
$\log(x_1)$: logaritmo de total de emisiones Scope 1 (TNe CO_2)
$\log(x_2)$: logaritmo de total de emisiones Scope 2 (TNe CO_2)
e_{it}: término error formado por dos componentes, u_{it} y v_{it}, atendiendo a lo explicado en el análisis de la metodología realizado anteriormente.

Una de las exigencias de la aplicación de eficiencia es que el panel de datos empleado debe estar completo. De los datos iniciales se eliminaron aquellas empresas que en alguno de los años presentara resultados negativos que limitara la necesidad de aplicar logaritmos. De este modo el panel de datos final estaba formado por un total de 20 empresas con observaciones para tres años lo que totaliza 60 observaciones.

La herramienta Frontier V.4.1c y la hoja excel ha sido el software utilizado para el tratamiento de datos y aplicación de las distintas técnicas estadísticas que se han necesitado.

3. Análisis de Resultados

3.1. Estadísticos y resultados con base al Carbon Disclosure Project

El Anexo 3 presenta, para el periodo analizado, los índices globales de los ratios ecoeficientes para cada una de las empresas contempladas en nuestro trabajo.

Una primera lectura de los resultados se centra en el estudio de la ecoficiencia respecto a la inversión total realizada por los grupos empresariales analizados. Así, centrándonos en los tres últimos años, apreciamos unos valores considerablemente mayores en el índice, esto es menos ecoeficientes, en los sectores relacionados con la energía y la industria básica en sentido amplio (Figura 1): Petróleo y energía (sector 1); y Materiales básicos, industria y construcción (sector 2).

Figura 1. Ecoeficiencia por euro invertido. Empresas españolas cotizadas

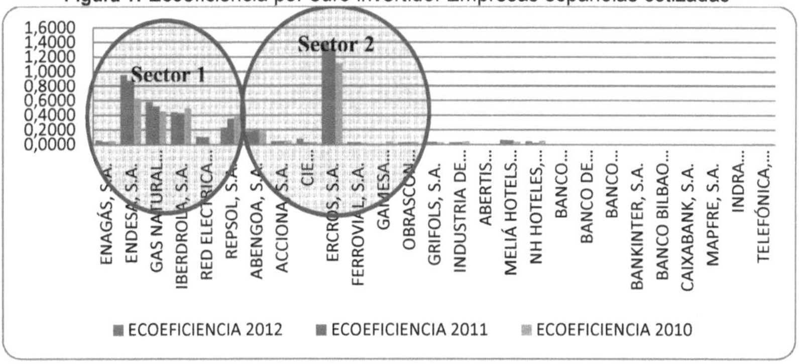

Fuente: Elaboración Propia

Centrándonos en estos dos sectores, vemos como en el sector materiales básicos, industria y construcción, destaca notablemente la empresa Ercros, S.A., cuyo ratio de ecoficiencia se encuentra muy por encima del resto. Dado el desigual comportamiento mostrado, se realiza un nuevo estudio de forma más detallada para el resto de sectores (Figura 2), en el que se puede apreciar los escasos índices en el sector de servicios financieros e inmobiliarios (sector 5), el más ecoeficiente, como cabía esperar por el menor impacto que provoca el tipo de actividad económica que desarrolla.

Figura 2. Ecoeficiencia por euro invertido. Datos por sectores

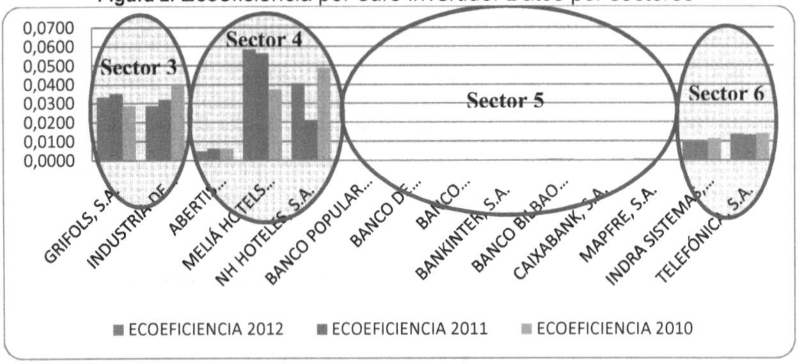

Fuente: Elaboración Propia

Por su parte, el análisis del sector petróleo y energía, nos muestra (Figura 3) como la cantidad de CO_2 emitida respecto a los activos por las empresas en este sector aumenta conforme evoluciona la variable temporal, a excepción de Repsol, S.A., que lo hace de manera inversa, realizando por lo tanto un adecuada estrategia de huella de carbono que articula los elementos necesarios para disminuir su intensidad en lo que respecta a sus operaciones y áreas del Grupo, con un enfoque global, en especial en el último año en el que las emisiones disminuyen considerablemente.

Figura 3. Ecoeficiencia por euro invertido. Sector Petróleo y Energía

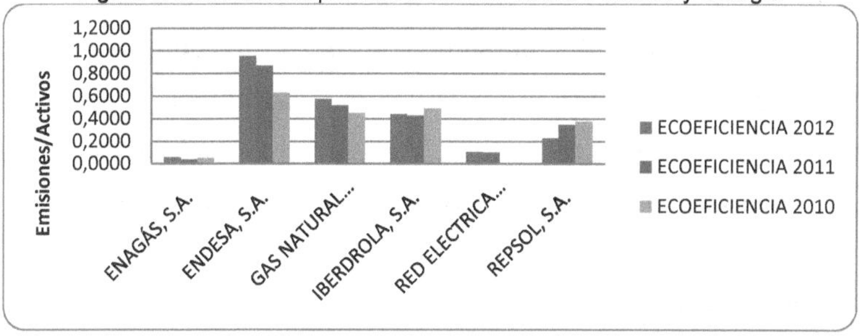

Fuente: Elaboración Propia

Vemos, por tanto, en este sector, que la mayoría de las empresas no consiguen mejorar sus emisiones de CO_2 respecto a sus inversiones y, del mismo modo, cada empresa presenta unos datos que no siguen una secuencia lógica ni previsible para años futuros, en parte por la incertidumbre de la evolución de los resultados y reinversiones que puedan minorar el nivel de emisiones actual.

Figura 4. Ecoeficiencia por euro invertido. Sector M. B., Industria y Construcción

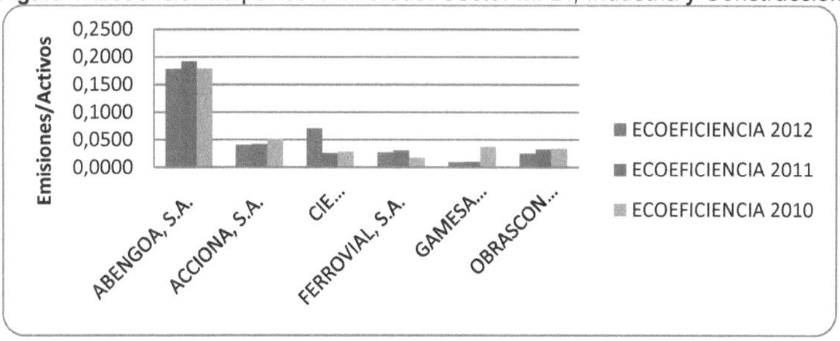

Fuente: Elaboración Propia

En el sector Materiales básicos, industria y construcción[3] (Figura 4), en cambio, se puede apreciar como en la mayoría de las empresas estudiadas el índice de emisiones disminuye a medida que se evoluciona en el tiempo, a excepción de Cie Automotive, S.A., cuyo último año presenta un aumento considerable de emisiones. Por su parte, destaca de manera notable, la empresa Abengoa S.A., cuyo ratio de ecoeficiencia es superior al resto y, por tanto, su ineficiencia en emisiones frente a la inversión realizada.

Figura 5. Ecoeficiencia por euro de BAII. Empresas españolas cotizadas

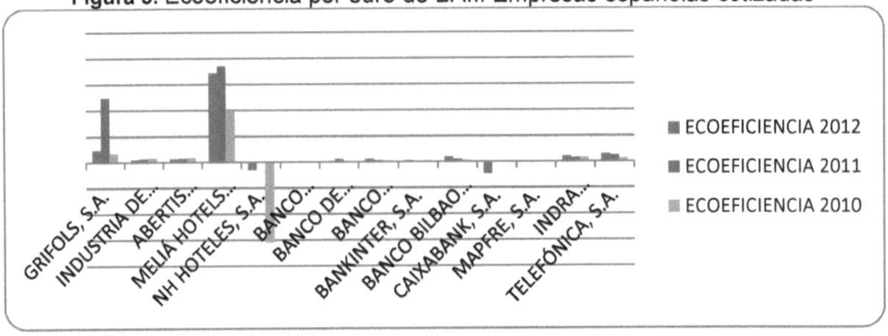

Fuente: Elaboración Propia

Adicionalmente, se ha realizado el mismo análisis de los datos pero teniendo en cuenta el resultado de estas empresas (medido en términos de B.A.I.I.), lo que nos permite observar un comportamiento similar al análisis anterior (Figuras 5, 6, 7 y 8).

[3] Excluimos en este análisis a Ercros para una mejor lectura de los datos al tratarse de un caso atípico.

Figura 6. Ecoeficiencia por euro de BAII. Sector Petróleo y Energía

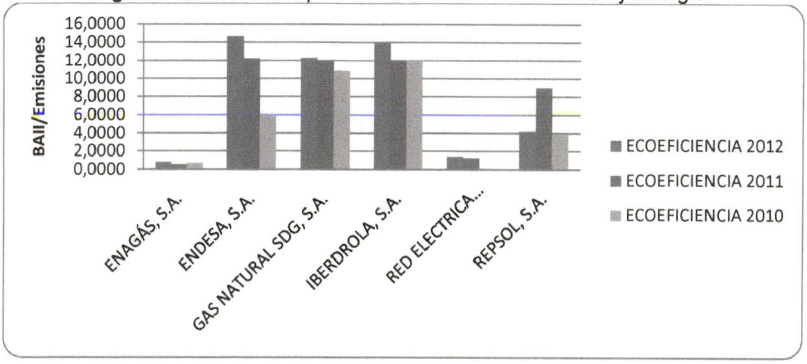

Fuente: Elaboración Propia

Figura 7. Ecoeficiencia por euro de BAII. Sector M. B., Industria y Construcción

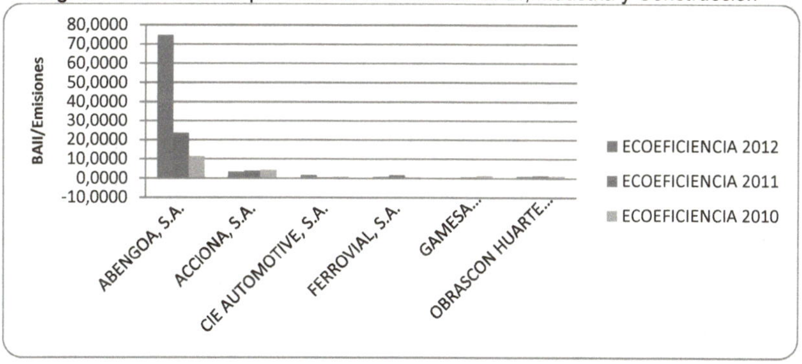

Fuente: Elaboración Propia

Sin embargo, la existencia de un outlier como lo es el caso de Abengoa, nos impide observar el comportamiento general del resto de empresas del sector estudiado con más rigor, por lo que es necesario volver a realizar el análisis prescindiendo de este caso atípico para una mayor claridad de los datos.

Figura 8. Ecoeficiencia por euro de BAII. Sector M. B., Industria y Construcción

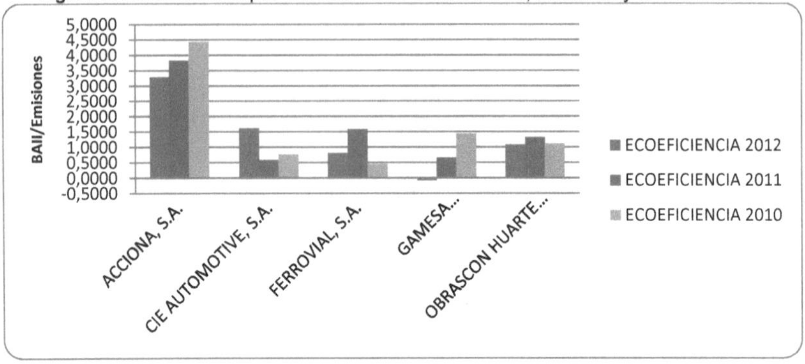

Fuente: Elaboración Propia

En una misma línea, si estudiamos la evolución que experimentan las emisiones directas e indirectas en el sector materiales básicos, industria y construcción, vemos como las primeras disminuyen con su evolución en los años (Figura 9) mientras que las indirectas (Figura 10), no tienen un comportamiento regular en la evolución temporal, presentando en todos los casos una proporción menor que las directas. En este caso, vemos que el resultado atípico que observábamos de la empresa Cie Atomotive S.A., se debe a un comportamiento irregular de las emisiones indirectas, sólo para el año 2012, puesto que no presenta datos para el resto de los años (Figura 10).

Figura 9. Ecoeficiencia por euro invertido. Sector M. B., Industria y Construcción

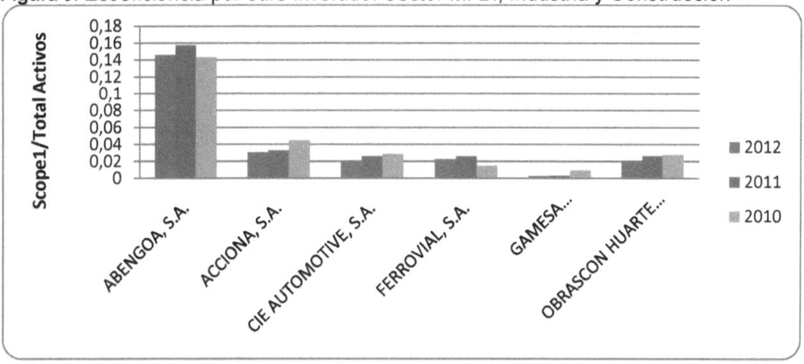

Fuente: Elaboración Propia

Figura 10. Ecoeficiencia por euro invertido. Sector M. B., Industria y Construcción

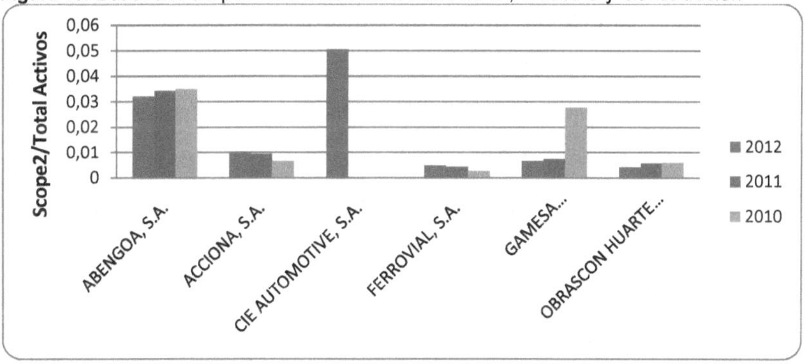

Fuente: Elaboración Propia.

A modo de resumen (ver Anexo 4), observamos cómo el sector petróleo y energía es el sector menos ecoeficiente, emitiendo unas toneladas de CO_2 cada vez mayor en la mayoría de los casos, a excepción de Repsol S.A. El sector materiales básicos, industria y construcción, en cambio, siendo de los sectores más ineficientes presenta en 2011 un descenso de emisiones con respecto al año anterior, que se acentúa aún más en 2012, llegando a reducirse y a controlarse incluso en su totalidad, lo cual se traduce en una buena gestión por parte de las empresas de sus inversiones y políticas de gestión medioambiental que repercute en dichos ratios de ecoeficiencia. Por su parte, el análisis de los ratios del CDP nos indica que el sector servicios financieros e inmobiliarios es el sector más ecoeficiente de los grupos cotizados, controlando de manera ejemplar las emisiones de gases efecto invernadero (GEI).

3.2. Resultados del análisis de la Frontera Estocástica

Por su parte, en el análisis de ecoficiencia vemos cómo para los años que van de 2010 a 2012 (Tabla 4) resulta que, por término medio, las empresas más ecoeficientes son aquellas cuyo estadístico se encuentra más próximo a la unidad. Así, vemos como nuevamente Abengoa S.A. se encuentra entre las empresas menos ecoeficientes, presentando un índice de eficiencia de 0.16, y son las empresas del sector servicios financieros (sector 5) y la empresa Telefónica, del sector tecnología y comunicaciones (sector 6), las más ecoeficientes de las empresas estudiadas, alcanzando ésta última un índice de 0.91.

Si realizamos un estudio centrándonos en cada uno de los sectores, vemos como el sector materiales básicos, industria y construcción (sector 2) presenta en su mayoría los índices ecoeficientes más bajos, todos por debajo de 0.4, seguido del sector materiales petróleo y energía (sector 1). Dentro del sector 2, observamos como la empresa Abengoa S.A. es la que obtiene un escaso índice de ecoeficiencia, al igual que se producía en el análisis anterior. Por su parte, el sector servicios financieros e inmobiliarios (sector 5) es el que presenta las empresas con los mayores índices de ecoeficiencia, en su mayoría con un índice por encima de 0.5. No podemos hacer una comparativa en el resto de sectores al disponer de una muestra tan pequeña.

Tabla 4. Ecoficiencia estocástica. Grupo de empresas cotizadas, 2010-2012

Id	Estadístico de Eficiencia	Sector de Actividad
REPSOL	0,6199690	1
R.E.E	0,3655121	1
IBERDROLA	0,6657419	1
G. NATURAL	0,5015759	1
ENDESA	0,7492367	1
ENAGÁS	0,3193141	1
OHL	0,2665573	2
FERROVIAL	0,3967446	2
ACCIONA	0,2353801	2
ABENGOA	0,1621356	2
INDITEX	0,6900905	3
GRIFOLS	0,2111377	3
MELIA	0,1311853	4
ABERTIS	0,3574180	4
MAPFRE	0,5743552	5
BBVA	0,7821349	5
BANKINTER	0,2517718	5
B.SANTANDER	0,9097860	5
TELEFÓNICA	0,9129694	6
INDRA	0,2453444	6

Fuente: Elaboración Propia a partir de la salida de Frontier v.4.1 c

Por tanto, según los resultados anteriores, con el estudio del conjunto datos de los años mediante el análisis de la frontera estocástica, se confirman los resultados del primer análisis de la evolución de ratios por años. Los sectores petróleo y energía y materiales básicos, industria y construcción serían los más ineficientes frente a servicios financieros e inmobiliarios. También podemos discriminar dentro del sector materiales básicos, industria y construcción donde encontramos empresas con posicionamientos muy marcados en sus políticas en cuanto a las emisiones destacando frente al resto de las que componen su sector, se trata de empresas líderes y visionarias que mediante sus inversiones y políticas de gestión medioambiental consiguen mayores índices de ecoeficiencia que seguramente repercutirán sobre sus ratios financiero-económicos.

Figura 11. Ecoficiencia estocástica para los años 2010-2012

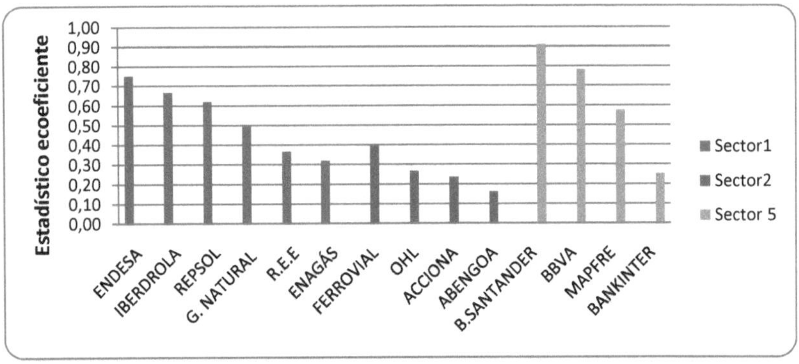

Fuente: Elaboración Propia

En el análisis de las relaciones entre los niveles de ecoeficiencia y los promedios de las rentabilidades económicas (RE), no podemos relacionar altas rentabilidades con los mejores niveles de ecoficiencia en el periodo de estudio y para la muestra que analizamos. Conseguir una mejora en el nivel de ecoeficiencia no resulta estar asociado a una evolución en el mismo sentido de la rentabilidad económica. Por ejemplo, en el caso del sector más ecoeficiente, el sector 5, vemos cómo se observa una ligera caída en el caso de las rentabilidades de los dos últimos años mientras que se produce un aumento significativo de los niveles de ecoeficiencia (Anexo 4). También podemos destacar la incoherencia de que compañías con buenos comportamientos medioambientales no consigan mejores rentabilidades promedio para los años analizados.

Un resultado que se repite en todos los sectores es que las compañías que mejores rentabilidades medias consiguen también son las que cuentan con los mejores estadísticos de ecoeficiencia[4](Tabla 5). Es decir, que nos encontramos con que los grupos empresariales líderes en sus sectores son el baluarte también de sus actuaciones en cuanto a emisiones respecto a sus inversiones y resultados.

Tabla 5. Ecoeficiencia vs Rentabilidad Económica. Análisis por sectores

Empresa	Sector	Estadístico de Eficiencia	Rentabilidad Económica[5]
Endesa	1	0,749237	8,01%
Iberdrola	1	0,665742	3,61%
Repsol	1	0,619969	6,38%
G. Natural	1	0,501576	4,40%
R.E.E	1	0,365512	7,32%
Enagás	1	0,319314	6,79%
Ferrovial	2	0,396745	3,10%
Ohl	2	0,266557	2,59%
Acciona	2	0,235380	1,17%
Abengoa	2	0,162136	0,87%
Inditex	3	0,690091	27,49%
Grifols	3	0,211138	5,56%
Abertis	4	0,357418	4,13%
Melia	4	0,131185	1,70%
B.Santander	5	0,909786	0,63%
BBVA	5	0,782135	0,67%
Bankinter	5	0,251772	0,35%
Telefónica	6	0,912969	6,75%
Indra	6	0,245344	6,27%

Fuente: Elaboración Propia

[4] Excluimos en este análisis a Mapfre en el sector financiero al no tratarse de una entidad bancaria como lo son el resto de sus componentes.

[5] Promedio de rentabilidades entre los años 2010-2012 (Ver Anexo 5).

4. Conclusiones

Es un hecho evidente el interés cada vez mayor que se derivan de los problemas ocasionados por el deterioro ambiental presente entre un amplio sector de la sociedad que demanda a las empresas, uno de los principales autores de la degradación medioambiental, llevar a cabo actuaciones responsables con el medio ambiente. El suministro de información sobre sus políticas medioambientales y sus acciones ejecutadas, tanto cuantitativas como cualitativas, es la manera que tienen las empresas para ratificarse ante la sociedad con el objetivo de ganar la confianza de ésta y ser reconocida como una empresa sensible con el medio ambiente.

El crecimiento actual de las emisiones de GEI causantes del calentamiento global es generado por la acción humana y, de ese modo, toda la sociedad es responsable de ellas. El primer paso para tomar conciencia de la responsabilidad que tienen las empresas ante el cambio climático es cuantificando estas emisiones.

El presente trabajo, elaborado a partir de una muestra de empresas españolas cotizadas, muestra un lento pero sostenido incremento en materia de ecoeficiencia que presentan las empresas de la muestra a lo largo del período analizado 2010-2012. Los resultados evidencian que, son las grandes empresas y las pertenecientes a los sectores relacionados con la energía y la industria básica, es decir, los sectores petróleo y energía, y materiales básicos, industria y construcción, los que más emisiones de CO_2 emiten y, por tanto, los que deben tomar mayor conciencia de la importancia del ahorro energético e impacto de su actividad teniéndolo más presente en sus estrategias y cultura empresarial.

El análisis de los datos referidos al CDP, nos muestra una notable evidencia en su influencia de actuación eficiente en las empresas del sector materiales básicos, industria y construcción, contribuyendo a la mejora del medio ambiente reduciendo las emisiones de GEI en los tres últimos años. En cambio, el sector petróleo y energía no presenta suficiente conciencia por parte de las empresas, las cuales emiten mayores cantidades de CO_2 por euro invertido o de resultado obtenido.

Del mismo modo, un estudio más riguroso de las empresas, utilizando el análisis de la frontera estocástica, sitúan a las empresas pertenecientes a estos dos sectores entre los menos ecoeficientes, donde de nuevo el sector petróleo y energía el peor de ellos.

Por su parte, el resto de sectores emiten una cantidad de emisiones mucho menor en comparación a estos dos sectores, pudiéndose catalogar como grupos sensibles medioambientalmente, entre los cuales destaca de manera notable el sector servicios financieros e inmobiliarios en ambos análisis. Si bien es cierto que su actividad no resulta ser tan agresiva en cuanto al impacto medioambiental que supone, también lo es que la evolución en las ratios de ecoeficiencia presenta una tendencia a la mejora continua.

En este sentido, cabe esperar que en los próximos años, en el sector materiales básicos, industria y construcción, la sensibilización irá consolidándose y las empresas españolas cotizadas en dicho sector seguirán tomando mayor conciencia de la importancia que tiene la ecoficiencia energética esperándose un comportamiento responsable cada vez mejor. De esta forma, empresas como éstas que se preocupan por el cambio climático, podrían encontrar una oportunidad de negocio por lo que deciden implantar estrategias, como es la estrategia de gestión de la huella del carbono, midiendo así su transparencia a la hora de informar sobre sus emisiones a través de informes como los del CDP.

Por lo que respecta a las variables elegidas, no encontramos una relación clara entre los niveles de ecoeficiencia, resultados o rentabilidades empresariales, en consecuencia, nuestro trabajo se suma a la lista de estudios que no aprecian asociación entre ambas variables, al menos en el corto plazo.

Lo que sí se ha observado es que las empresas líderes en cuanto a la rentabilidad obtenida también lo son en sus niveles de ecoeficiencia. Esto podría ser un comportamiento ejemplar para el resto de compañías. Esta correlación entre ambas variables podría actuar como indicador motivador para que las empresas con peores resultados en sus rentabilidades se fijen en el líder de su sector imitando su comportamiento en gestión medioambiental y de qué manera puede estar afectando a sus rentabilidades (diminución de costes, aumento de ventas, productividad del personal...).

Una de las principales limitaciones del estudio ha sido no haber realizado un análisis para una franja de tiempo superior puesto que la información divulgada por el CDP se limita a los años estudiados; o que se cuente con un número tan reducido de empresas por cada sector analizado. Un estudio posterior permitirá profundizar sobre cada uno de los sectores y el estudio de otras variables significativas, como es el precio de las acciones y tratar de medir cómo pueden verse influenciados por este tipo de comportamientos medioambientalmente responsables.

5. Referencias Bibliográficas

- Adams, C.A. y Frost, G.R. (2008). Integrating sustainability reporting into management practices, *Accounting Forum*, 32, pp. 288-3002.
- Aigner, D.J.; Lovell, C.A.K. y Schmidt, P. (1977). Formulation and estimation of stochastic frontier production function models, *Journal of Econometrics*, *6*, pp. 21-37.
- Aragon-Correa, J.A. y Sharma, S. (2003). A contingent resource-based view of proactive corporate environmental strategy, *Academy of Management Review*, 28 (1), pp. 71-88.
- Argandoña, A. (2007). Responsabilidad social y creación de valor para el accionista: ¿objetivos contrapuestos o complementarios? IESE, Universidad de Navarra, Cátedra La Caixa de Responsabilidad Social de la Empresa y Gobierno Corporativo, 7(16).
- Ayestarán, I. (2006). I+D+I+E: Ética de la Innovación sostenible y responsabilidad social de las empresas, XVI Congreso de estudios vascos= Desarrollo sostenible IT el futuro (16), pp. 287-294.
- Barney, J. B.; Ketchen, D.J. y Wright, M. (2011). The Future of Resource-Based Theory: Revitalization or Decline?, *Journal of Management*, 37, pp. 1299.
- Battese, G. E. y Coelli T.J. (1988). Prediction of firm level technical efficiencies with a generalised frontier production function and panel data*, Journal of Econometrics*, *38,* pp. 387-399.
- Battese, G. E. y Coelli, T.J. (1992). Frontier of firm-level technical efficiencies with a generalised frontier production function and panel data, *Journal of Econometrics*, *38*, pp. 387-399.
- Battese, G. E. y Corra, G.S. (1977). Estimation of frontier

production function model: with application to the pastoral zone of eastern Australia, *Australian Journal of Agricultural Economics*, 21, pp. 169-179.

- Birkin, F. y Woodward, D. (1997). Management Accountig for sustainable development, Part III, *Magazine for Chartered Management,* 75 (8), pp. 58-60.
- Bolsa de Madrid, (2014). Lista de Empresas Cotizadas, On line at: http://www.bolsamadrid.es/esp/aspx/Empresas/Empresas.aspx.
- Chen, C.F. (2007). Applying the stochastic frontier approach to measure hotel managerial efficiency in Taiwan, *Tourism Management*, 28, pp. 696-702.
- CDP, Carbon Disclousure Proyect (2013). Driving Sustainable Economies. On line at: http://www.cdpla.net/
- Clarkson, P.M., Li, Y., Gordon, R.D. y Vasvari, F.P. (2011). "Does it really pay to be green? Determinants and consequences of proactive environmental strategies". *Journal of Account.* Public Policy, 30 (2), pp. 122-44.
- CNMV, (2014). Comisión Nacional del Mercado de Valores, On line at: http://www.cnmv.es/portal/Consultas/BusquedaPorEntidad.aspx
- Coelli, T.; Prasada, R. y Battese, G. (1998). An introduction to efficiency and productivity analysis, *Kluner Academic Press*, Dordrecht.
- Cornell, B. y Shapiro, A.C. (1987). Corporate stakeholders and corporate finance, *Financial Management*, 16, pp. 5-14.
- Cornwell, C.; Schmidt, R. y Sickles, R., (1990). Production Frontiers with Cross-Sectional and Time-Series Variations in Efficiency Levels, *Journal of Econometrics*, *46*, pp. 185-200.

- Ekins, P. (2005). Eco-efficiency motives, drivers, and economics implications, Journal of Industrial Ecology, 9 (4), pp. 12-14.
- Farrell, M.J. (1957). The measurement of productive efficiency, *Journal of the Royal Statistical Society*, 120, pp. 253-290.
- Farrell, M.J. y Fieldhouse, M. (1962). Estimating Efficient Production Under Increasing Returns to Scale, *Journal of the Royal Statistical Society, Series A, General, 125*, Part 2, pp. 252-267.
- Fernández, J.L. y Luna, L. (2007). The creation of value through corporate reputation. *Journal of Business Ethics*, 76(3), pp. 335–346.
- Fernández, M.B. (2010). Propuesta metodológica dirigida a la Administración Pública para mejorar la ecoeficiencia de la industria, Aplicación al caso de la PYME de Venezuela, Tesis doctoral.
- Freeman, R.E. (1984). Strategic Management: A Stakeholder Approach, Pitman, Boston.
- FFA, Fundación Fórum Ambiental (2000). Guía para la Ecoeficiencia, On line at: http://www.forumambiental.org/.
- GRI, Global Reporting Initiatives (2006). "Guías para la elaboración de memorias de sostenibilidad". On line en: https://www.globalreporting.org/resourcelibrary/Spanish-G3-Complete.pdf [Consultado 23 de diciembre de 2014].
- Green, T. y Peloza, J. (2011). How does corporate social responsibility create value for customers?, *Journal of Consumer Marketing*, 28 (1), pp. 48-56.
- Haro, A.; Alarcón, F. y Caba, M.C. (2012). Los determinantes de la divulgación de información sobre responsabilidad social corporativa en el sector financiero: el caso español, *Revista*

Facultad de Ciencias Económicas: Investigación y Reflexión, 20(1), pp. 189-205.

- Hart, S. (1995). A natural resource based view of the firm, *Academy of Management Review*, 20, pp. 986-1014.
- Hart, S. (1997). Beyond greening: strategies for a sustainable world, *Harvard Business Review*, 75, pp. 66-76.
- Hart, S. L. y Ahuja G. (1996). Does it pay to be green? An empirical examination of the relationship between emission reduction and firm performance, *Business Strategy and the Environment*, 5, pp. 30–37.
- Hu, J.L.; Chiu, C.N.; Shieh, H.S y Huang, C.H. (2010). A stochastic cost efficiency analysis ofinternational tourist hotels in Taiwan, *International Journal of Hospitality Management,* 29, p. 99- 107.
- Huppes, G. y Ishikawa, M. (2005). Eco-efficiency and its terminology, *Journal of Industrial Ecology*, 9 (4), pp. 43-46.
- Jaffe, A.; Peterson, S.; Portney, P. y Stavins, R. (1995). Environmental regulation and the competitiveness of U.S. manufacturing: What does the evidence tell us?, *Journal of Economic Literature*, 33, pp. 132–163.
- King A. y Lenox, M., (2002). Exploring the locus of profitable pollution reduction. *Management Science*, *48* (2), pp. 289-299.
- KPMG. (2005). International Survey of Corprorate Responsibilty Reporting. Amsterdam, Netherlands: KPMG.
- Kumbhakar, S. C. y Lovell, C. A. K. (2003). *Stochastic frontier analysis. New York*, *Cambridge University Press*, USA.
- Lothe, S. Myrtveit, I. y Trapani, T. (1999). Compensation systems for improving environmental performance, *Business Strategy and the Environment*, 8 (6), pp. 313-321.

- Luna, J. y Maigual, J. (2012) "Modelo de responsabilidad social para la empresa privada con ánimo de lucro". Tendencias. 13 (1), pp. 116-134.
- Majumdar, S. K. y Marcus, A. A. (2001). Rules versus discretion: The productivity consequences of flexible regulations, *Academy of Management Journal*, 44 (1), pp. 170-179.
- McWilliams, A. y Siegel, D.S. (2011). Creating and Capturing Value: Strategic Corporate Social Responsibility, Resource-Based Theory, and Sustainable Competitive Advantage, *Journal of Management*, 37(5): pp. 1480-1495.
- Meeusenm, W. y Van den Broeck J., (1977). Efficenccy estimation from Cobb-Douglas production functions with composed error, *International Economic Review*, *18*, pp. 435-444.
- Melnyk, S., Sroufe, R. y Calantone R. (2003). Assessing the impact of environmental management systems on corporate and environmental performance, *Journal of Operations Management*, *21*, pp. 329–351.
- Milne, M. J., y Gray, R. (2007). Future prospects for corporate sustainability reporting.In J. Unerman, J. Bebbington, & B. O'Dwyer (Eds.), Sustainability accounting andaccountability (pp. 184–208). UK: Routledge.
- Moneva, J.M. y Llena, F. (2006). Contabilidad e Información Medioambiental de la Empresa. Antecedentes y situación actual. En Gallizo, J.L. (Coord.): Responsabilidad Social e Información Medioambiental de la Empresa. AECA, pp. 57-82.
- Nieto, M. y Fernández, R. (2004). "Responsabilidad Social Corporativa: la última innovación en Management", *Universia Business Review* – Actualidad económic.

- Orlitzky, M.; Schmidt, F.L. y Rynes, S.L. (2003). Corporate social and financial performance: a Meta-Analysis, Organization Studies, 24(3), pp. 403-441.
- Pajuelo, M.L. (2014). Un análisis de la investigación en España sobre los aspectos éticos, sociales y medioambientales: una visión de la situación actual y perspectivas. Investigaciones Europeas de Dirección y Economía de la Empresa, 20 (2), pp. 55-78.
- Porter, M.E. y Kramer, M.R. (2002). The competitive advantage of corporate philanthropy, Harvard Business Review, 80(12), pp. 56-68.
- Porter, M. E. y Van der Linde, C. (1995). Green and competitive: ending the stalemate, Harvard Business Review, 73 (5), pp. 120-134.
- Porter, M.E. (1991). America's green strategy, Scientific American, 264(4), pp. 168.
- Rassier, D.G. y Earnhart, D. (2010). Does the Porter hypothesis explain expected future financial performance? The effect of clean water regulation on chemical manufacturing firms, Environmental and Resource Economics, 45 (3), pp. 353-377.
- Salzmann, O.; Ionescu-Somers, A. y Steger, U. (2005). The business case for corporate sustainability: literature review and research options, *European Management Journal*, 23, pp. 27–36.
- Sen, S.; Bhattacharya, C.B. y Korschun D. (2006). The role of corporate social responsibility in strengthening multiple stakeholder relationship: a field experiment, *Journal of the Academy of Marketing Science*, *34*(2), pp. 158-166.
- Schmidt, R. y Sickles, R. (1984). Production Frontiers and Panel Data, *Journal of Business and Economic Statistics, 2,* pp. 367-374.

- Sharna, S. y Vredenburg, H. (1998). Proactive corporate environmental strategy and the development of competitively valuable organizational capabilities, Strategic Management Journal, 19 (8), pp. 729-753.
- Shrivastava, P. (1995). The role of corporations in archieving ecological sustainability, Academy of Management Review, 20 (4), pp. 936-960.
- Sueyoshi, T. y Goto, M. (2009). Can environmental investment and expenditure enhance financial performance of US electric utility firms under the clean air act amendment of 1990?, Energy Policy, 37 (11), pp. 4819-4826.
- Van Marrewijk, M. (2003). Concepts and definitions of CSR and corporate sustainability: between agency and communion. Journal of Business Ethics, 44, pp. 95–105.
- Waddock, S. A. y Graves, S.B. (1997). The corporate social performance-financial performance link, Strategic Management Journal, 10, pp. 758-768.
- Walley, N. y Whitehead, B. (1994). It's not easy being green, Harvard Business Review, 72 (3), pp. 2-7.

6. Anexos

Anexo 1. Empresas españolas cotizadas

EMPRESA	SECTOR- SUBSECTOR	SECTOR
ABENGOA, S.A.	Mat.Basicos, Industria y Construcción - Ingeniería y Otros	2
ABERTIS INFRAESTRUCTURAS, S.A.	Servicios de Consumo - Autopistas y Aparcamientos	4
ACCIONA, S.A.	Mat.Basicos, Industria y Construcción – Construcción	2
BANCO POPULAR ESPAÑOL, S.A.	Servicios Financieros e Inmobiliarios - Bancos y Cajas de Ahorro	5
BANCO DE SABADELL, S.A.	Servicios Financieros e Inmobiliarios - Bancos y Cajas de Ahorro	5
BANCO SANTANDER, S.A.	Servicios Financieros e Inmobiliarios - Bancos y Cajas de Ahorro	5
BANKINTER, S.A.	Servicios Financieros e Inmobiliarios - Bancos y Cajas de Ahorro	5
BANCO BILBAO VIZCAYA ARGENTARIA, S.A.	Servicios Financieros e Inmobiliarios - Bancos y Cajas de Ahorro	5
CAIXABANK, S.A.	Servicios Financieros e Inmobiliarios - Bancos y Cajas de Ahorro	5
CIE AUTOMOTIVE, S.A.	Mat.Basicos, Industria y Construcción - Mineral, Metales y Transformación	2
ENAGÁS, S.A.	Petróleo y Energía - Electricidad y Gas	1
ENDESA, S.A.	Petróleo y Energía - Electricidad y Gas	1
ERCROS, S.A.	Mat.Basicos, Industria y Construcción - Industria Química	2
FERROVIAL, S.A.	Mat.Basicos, Industria y Construcción – Construcción	2
GAMESA CORPORACIÓN TECNOLÓGICA, S.A.	Mat.Basicos, Industria y Construcción - Frabric. y Montaje Bienes de Equipo	2
GAS NATURAL SDG, S.A.	Petróleo y Energía - Electricidad y Gas	1
GRIFOLS, S.A.	Bienes de Consumo - Productos farmaceúticos y Biotecnología	3
IBERDROLA, S.A.	Petróleo y Energía - Electricidad y Gas	1
INDUSTRIA DE DISEÑO TEXTIL, S.A."INDITEX"	Bienes de Consumo - Textil, Vestido y Calzado	3
INDRA SISTEMAS, S.A., SERIE A	Tecnología y Telecomunicaciones - Electrónica y Software	6
MAPFRE, S.A.	Servicios Financieros e Inmobiliarios – Seguros	5
MELIÁ HOTELS INTERNATIONAL, S.A.	Servicios de Consumo - Ocio, Turismo y Hostelería	4
NH HOTELES, S.A.	Servicios de Consumo - Ocio, Turismo y Hostelería	4
OBRASCON HUARTE LAIN, S.A.	Mat.Basicos, Industria y Construcción – Construcción	2
RED ELECTRICA CORPORACION, S.A.(R.E.E)	Petróleo y Energía - Electricidad y Gas	1
REPSOL, S.A.	Petróleo y Energía – Petróleo	1
TELEFÓNICA, S.A.	Tecnología y Telecomunicaciones - Telecomunicaciones y Otros	6

Fuente: Elaboración Propia a partir de la Bolsa de Madrid (2014)

Anexo 2. Principales variables analizadas de los años 2010, 2011 y 2012

EMPRESA	TOTAL DE ACTIVOS 2010 *En miles de euros	B.A.I.I. 2010 *En miles de euros	EMISIONES CO_2 2010*	
			SCOPE 1**	SCOPE 2***
ABENGOA	16.973.826	262.870	2.432.644	593.086
ABERTIS	25.292.179	969.255	39.979,78	113.673,61
ACCIONA	20.502.191	240.189	928.526	134.544
BANCO POPULAR	130.139.846	832.550	1.000	1.168
BANCO SABADELL	86.558.894	485.419	432	1.646
BANCO SANTANDER	1.217.500.683	12.051.873	29.882,19	423.560
BANKINTER	54.151.977	205.214	287	7.307
BBVA	552.738.000	6.422.000	8.494	321.376
CAIXABANK	50.985.602	1.881.778	12.398	17.359
CIE AUTOMOTIVE	1.772.521	65.430	50.481,26	x
ENAGÁS	6.829.136	472.287	239.272	90.184
ENDESA	62.588.000	6.516.000	38.631.310	660.575
ERCROS	626.690	-13.820	333.796	361.294
FERROVIAL	43.287.000	1.730.000	649.883	112.537
GAMESA	1.357.435	35.362	13.081	37.628
GAS NATURAL	45.343.000	1.883.000	19.393.185,59	1.090.491,23
GRIFOLS	1.888.982	157.784	32.073	22.046
IBERDROLA	93.700.952	3.840.985	39.939.110	6.232.560
INDITEX	8.335.437	2.321.585	22.870	309.602
INDRA	2.975.875	233.641	3.428	30.227
MAPFRE	48.672.310	1.431.040	1.209	16.309
MELIÁ HOTELS INTERNATIONAL	3.389.772	63.938	28.212	98.568
NH HOTELES	3.320.897	-52.553	73.055	88.936
OHL	12.602.344	382.278	349.457	74.378
R.E.E	8.283.898	560.448	63.215,00	7.898,50
REPSOL	67.631.000	6.613.000	23.380.302	2.058.465
TELEFÓNICA	129.775.000	13.901.000	126.652	1.688.147

Fuente: Elaboración Propia a partir del CDP (2013) y CNMV (2014)

Anexo 2. Principales variables analizadas de los años 2010, 2011 y 2012 (continuación)

EMPRESA	TOTAL DE ACTIVOS 2011 *En miles de euros	B.A.I.I. 2011 *En miles de euros	EMISIONES CO_2 2011*	
			SCOPE 1**	SCOPE 2***
ABENGOA	18.793.665	153.400	2.953.020	644.209
ABERTIS	22.749.195	1.025.039	37.461,68	101.339,91
ACCIONA	20.326.840	223.873	666.977	190.238
BANCO POPULAR	130.925.703	444.141	845	6.756
BANCO SABADELL	100.437.380	187.466	379	20.219
BANCO SANTANDER	1.251.525.000	7.939.000	30.271,65	384.574,30
BANKINTER	59.491.426	240.148	243	6.328
BBVA	597.688.000	3.446.000	9.964	335.559
CAIXABANK	270.424.628	1.159.145	12.283	16.812
CIE AUTOMOTIVE	2.204.213	97.094	57.120	x
ENAGÁS	7.717.399	520.329	239.861	52.752
ENDESA	58.721.000	4.180.000	50.694.969	351.786
ERCROS	605.560	-1.060	339.910	448.693
FERROVIAL	22.951.000	440.000	598.638	100.570
GAMESA	5.631.449	87.393	15.991	41.592
GAS NATURAL	46.502.000	2.022.000	23.177.862,46	953.498,40
GRIFOLS	5.640.000	80.023	88.159	109.614
IBERDROLA	97.016.529	3.454.411	36.193.156	5.188.706
INDITEX	9.826.079	2.559.012	21.919	291.413
INDRA	3.524.855	233.296	6.971	27.033
MAPFRE	54.855.650	1.636.940	3.054	28.891
MELIÁ HOTELS INTERNATIONAL	3.369.181	51.093	47.348	142.278
NH HOTELES	3.077.489	4.301	84.397	65.010
OHL	12.926.055	315.800	342.938	73.648
R.E.E	8.765.477	683.675	68.325	804.795
REPSOL	70.957.000	2.759.000	23.138.229	1.558.287
TELEFÓNICA	129.623.000	6.488.000	111.516,39	1.615.528

Fuente: Elaboración Propia a partir del CDP (2013) y CNMV (2014)

Anexo 2. Principales variables analizadas de los años 2010, 2011 y 2012 (continuación)

EMPRESA	TOTAL DE ACTIVOS 2012 *En miles de euros	B.A.I.I. 2012 *En miles de euros	EMISIONES CO_2 2012*	
			SCOPE 1**	SCOPE 2***
ABENGOA	20.545.319	48.949	2.995.171	658.190
ABERTIS	29.086.551	1.176.319	37.743,83	100.520,09
ACCIONA	19.819.297	245.513	607.528	201.003
BANCO POPULAR	157.618.118	-3.491.719	788	14.012
BANCO SABADELL	161.547.085	-302.020	378	381
BANCO SANTANDER	1.269.628.000	3.549.000	31.857	342.928
BANKINTER	58.165.890	154.179	312	8.508
BBVA	637.785.000	1.659.000	9.267	295.771
CAIXABANK	348.294.074	-62.410	12.346	15.939
CIE AUTOMOTIVE	2.214.979	96.762	44.639	111.847
ENAGÁS	8.083.443	542.731	387.651	61.377
ENDESA	58.778.000	3.824.000	54.676.230	1.317.120,30
ERCROS	605.180	-13.940	321.539	514.122
FERROVIAL	22.217.000	754.000	502.496,55	105.672,33
GAMESA	5.114.284	-589.295	14.202	33.454
GAS NATURAL	46.887.000	2.203.000	26.062.058	956.889
GRIFOLS	5.627.474	387.948	83.005	103.605,30
IBERDROLA	96.816.375	3.075.078	35.461.092	7.189.301
INDITEX	10.959.178	3.130.969	24.478,97	290.119,56
INDRA	3.755.943	163.292	6.437	28.818
MAPFRE	56.983.180	1.372.010	6.897	32.711
MELIÁ HOTELS INTERNATIONAL	3.477.738	59.034	51.305	151.605
NH HOTELES	2.825.335	-391.596	53.193	61.585
OHL	12.206.715	280.874	251.757	51.038
R.E.E	9.215.191	680.514	77.355	880.011
REPSOL	64.921.000	3.546.000	14.062.806	811.243
TELEFÓNICA	129.773.000	5.864.000	111.124	1.649.137

Fuente: Elaboración Propia a partir del CDP (2013) y CNMV (2014)

Anexo 3. Ratios analizados de los años 2010, 2011 y 2012.

EMPRESA	RATIO 1 ECOEFICIENCIA Emisiones/Activos 2010	RATIO 2 ECOEFICIENCIA Scope 1/ Activos 2010	RATIO 3 ECOEFICIENCIA Scope 2/ Activos 2010	RATIO 4 ECOEFICIENCIA Emisiones /BAII 2010	RATIO 5 ECOEFICIENCIA Scope 1 /BAII 2010	RATIO 6 ECOEFICIENCIA Scope 2 /BAII 2010
ABENGOA	0,1783	0,1433	0,0349	11,5104	9,2542	2,2562
ABERTIS	0,0061	0,0016	0,0045	0,1585	0,0412	0,1173
ACCIONA	0,0519	0,0453	0,0066	4,4260	3,8658	0,5602
BANCO POPULAR	0,0000	0,0000	0,0000	0,0026	0,0012	0,0014
BANCO SABADELL	0,0000	0,0000	0,0000	0,0043	0,0009	0,0034
BANCO SANTANDER	0,0004	0,0000	0,0003	0,0376	0,0025	0,0351
BANKINTER	0,0001	0,0000	0,0001	0,0370	0,0014	0,0356
BBVA	0,0006	0,0000	0,0006	0,0514	0,0013	0,0500
CAIXABANK	0,0006	0,0002	0,0003	0,0158	0,0066	0,0092
CIE AUTOMOTIVE	0,0285	0,0285	x	0,7715	0,7715	x
ENAGÁS	0,0482	0,0350	0,0132	0,6976	0,5066	0,1910
ENDESA	0,6278	0,6172	0,0106	6,0301	5,9287	0,1014
ERCROS	1,1091	0,5326	0,5765	-50,2959	-24,1531	-26,1428
FERROVIAL	0,0176	0,0150	0,0026	0,4407	0,3757	0,0651
GAMESA	0,0374	0,0096	0,0277	1,4340	0,3699	1,0641
GAS NATURAL	0,4517	0,4277	0,0240	10,8782	10,2991	0,5791
GRIFOLS	0,0286	0,0170	0,0117	0,3430	0,2033	0,1397
IBERDROLA	0,4928	0,4262	0,0665	12,0208	10,3981	1,6226
INDITEX	0,0399	0,0027	0,0371	0,1432	0,0099	0,1334
INDRA	0,0113	0,0012	0,0102	0,1440	0,0147	0,1294
MAPFRE	0,0004	0,0000	0,0003	0,0122	0,0008	0,0114
MELIÁ HOTELS INTERNATIONAL	0,0374	0,0083	0,0291	1,9829	0,4412	1,5416
NH HOTELES	0,0488	0,0220	0,0268	-3,0824	-1,3901	-1,6923
OHL	0,0336	0,0277	0,0059	1,1087	0,9141	0,1946
R.E.E	0,0086	0,0076	0,0010	0,1269	0,1128	0,0141
REPSOL	0,3761	0,3457	0,0304	3,8468	3,5355	0,3113
TELEFÓNICA	0,0140	0,0010	0,0130	0,1306	0,0091	0,1214

Fuente: Elaboración Propia

Anexo 3. Ratios analizados de los años 2010, 2011 y 2012 (continuación)

EMPRESA	RATIO 1 ECOEFICIENCIA Emisiones/Activos 2011	RATIO 2 ECOEFICIENCIA Scope 1/ Activos 2011	RATIO 3 ECOEFICIENCIA Scope 2/ Activos 2011	RATIO 4 ECOEFICIENCIA Emisiones /BAII 2011	RATIO 5 ECOEFICIENCIA Scope 1 /BAII 2011	RATIO 6 ECOEFICIENCIA Scope 2 /BAII 2011
ABENGOA	0,1914	0,1571	0,0343	23,4500	19,2505	4,1995
ABERTIS	0,0061	0,0016	0,0045	0,1354	0,0365	0,0989
ACCIONA	0,0422	0,0328	0,0094	3,8290	2,9793	0,8498
BANCO POPULAR	0,0001	0,0000	0,0001	0,0171	0,0019	0,0152
BANCO SABADELL	0,0002	0,0000	0,0002	0,1099	0,0020	0,1079
BANCO SANTANDER	0,0003	0,0000	0,0003	0,0523	0,0038	0,0484
BANKINTER	0,0001	0,0000	0,0001	0,0274	0,0010	0,0264
BBVA	0,0006	0,0000	0,0006	0,1003	0,0029	0,0974
CAIXABANK	0,0001	0,0000	0,0001	0,0251	0,0106	0,0145
CIE AUTOMOTIVE	0,0259	0,0259	x	0,5883	0,5883	x
ENAGÁS	0,0379	0,0311	0,0068	0,5624	0,4610	0,1014
ENDESA	0,8685	0,8625	0,0060	12,2121	12,1280	0,0842
ERCROS	1,3023	0,5613	0,7410	-743,9651	-320,6698	-423,2953
FERROVIAL	0,0305	0,0261	0,0044	1,5891	1,3605	0,2286
GAMESA	0,0102	0,0028	0,0074	0,6589	0,1830	0,4759
GAS NATURAL	0,5189	0,4984	0,0205	11,9344	11,4628	0,4716
GRIFOLS	0,0351	0,0156	0,0194	2,4715	1,1017	1,3698
IBERDROLA	0,4265	0,3731	0,0535	11,9794	10,4774	1,5021
INDITEX	0,0319	0,0022	0,0297	0,1224	0,0086	0,1139
INDRA	0,0096	0,0020	0,0077	0,1458	0,0299	0,1159
MAPFRE	0,0006	0,0001	0,0005	0,0195	0,0019	0,0176
MELIÁ HOTELS INTERNATIONAL	0,0563	0,0141	0,0422	3,7114	0,9267	2,7847
NH HOTELES	0,0211	0,0274	0,0211	34,7377	19,6226	15,1151
OHL	0,0322	0,0265	0,0057	1,3191	1,0859	0,2332
R.E.E	0,0996	0,0078	0,0918	1,2771	0,0999	1,1772
REPSOL	0,3480	0,3261	0,0220	8,9513	8,3865	0,5648
TELEFÓNICA	0,0133	0,0009	0,0125	0,2662	0,0172	0,2490

Fuente: Elaboración Propia

Anexo 3. Ratios analizados de los años 2010, 2011 y 2012 (continuación)

	RATIO 1	RATIO 2	RATIO 3	RATIO 4	RATIO 5	RATIO 6
EMPRESA	ECOEFICIENCIA Emisiones/Activos 2012	ECOEFICIENCIA Scope 1/ Activos 2012	ECOEFICIENCIA Scope 2/ Activos 2012	ECOEFICIENCIA Emisiones/BAII 2012	ECOEFICIENCIA Scope 1 /BAII 2012	ECOEFICIENCIA Scope 2 /BAII 2012
ABENGOA	0,1778	0,1458	0,0320	74,6361	61,1896	13,4464
ABERTIS	0,0048	0,0013	0,0035	0,1175	0,0321	0,0855
ACCIONA	0,0408	0,0307	0,0101	3,2932	2,4745	0,8187
BANCO POPULAR	0,0001	0,0000	0,0001	-0,0042	-0,0002	-0,0040
BANCO SABADELL	0,0000	0,0000	0,0000	-0,0025	-0,0013	-0,0013
BANCO SANTANDER	0,0003	0,0000	0,0003	0,1056	0,0090	0,0966
BANKINTER	0,0002	0,0000	0,0001	0,0572	0,0020	0,0552
BBVA	0,0005	0,0000	0,0005	0,1839	0,0056	0,1783
CAIXABANK	0,0001	0,0000	0,0000	-0,4532	-0,1978	-0,2554
CIE AUTOMOTIVE	0,0706	0,0202	0,0505	1,6172	0,4613	1,1559
ENAGÁS	0,0555	0,0480	0,0076	0,8273	0,7143	0,1131
ENDESA	0,9526	0,9302	0,0224	14,6426	14,2982	0,3444
ERCROS	1,3808	0,5313	0,8495	-59,9470	-23,0659	-36,8811
FERROVIAL	0,0274	0,0226	0,0048	0,8066	0,6664	0,1401
GAMESA	0,0093	0,0028	0,0065	-0,0809	-0,0241	-0,0568
GAS NATURAL	0,5763	0,5558	0,0204	12,2646	11,8303	0,4344
GRIFOLS	0,0332	0,0147	0,0184	0,4810	0,2140	0,2671
IBERDROLA	0,4405	0,3663	0,0743	13,8697	11,5318	2,3379
INDITEX	0,0287	0,0022	0,0265	0,1005	0,0078	0,0927
INDRA	0,0094	0,0017	0,0077	0,2159	0,0394	0,1765
MAPFRE	0,0007	0,0001	0,0006	0,0289	0,0050	0,0238
MELIÁ HOTELS INTERNATIONAL	0,0583	0,0148	0,0436	3,4372	0,8691	2,5681
NH HOTELES	0,0406	0,0188	0,0218	-0,2931	-0,1358	-0,1573
OHL	0,0248	0,0206	0,0042	1,0780	0,8963	0,1817
R.E.E	0,1039	0,0084	0,0955	1,4068	0,1137	1,2932
REPSOL	0,2291	0,2166	0,0125	4,1946	3,9658	0,2288
TELEFÓNICA	0,0136	0,0009	0,0127	0,3002	0,0190	0,2812

Fuente: Elaboración Propia

Anexo 4. Crecimiento por sectores de los años 2011 y 2012

EMPRESAS SECTOR 1	2011				2012			
	ACTIVOS	BAII	SC1	SC2	ACTIVOS	BAII	SC1	SC2
ENAGÁS, S.A.	13,01%	10,17%	0,25%	-41,51%	4,74%	4,31%	61,61%	16,35%
ENDESA, S.A.	-6,09%	-35,85%	31,23%	-46,75%	0,00%	-8,52%	7,85%	274,41%
GAS NATURAL SDG, S.A.	2,56%	7,38%	19,52%	-12,56%	0,83%	8,95%	12,44%	0,36%
IBERDROLA, S.A.	3,54%	-10,06%	-9,38%	-16,75%	-0,21%	-10,98%	-2,02%	38,56%
RED ELECTRICA CORPORACION, S.A.(R.E.E)	5,81%	21,99%	8,08%	10089,21%	5,13%	-0,46%	13,22%	9,35%
REPSOL, S.A.	4,92%	-58,28%	-1,04%	-24,30%	-8,51%	28,52%	-39,22%	-47,94%

EMPRESAS SECTOR 2	2011				2012			
	ACTIVOS	BAII	SC1	SC2	ACTIVOS	BAII	SC1	SC2
ABENGOA, S.A.	10,72%	-41,64%	21,39%	8,62%	9,32%	-68,09%	1,43%	2,17%
ACCIONA, S.A.	-0,86%	-6,79%	-28,17%	41,39%	-2,50%	9,67%	-8,91%	5,66%
CIE AUTOMOTIVE, S.A.	24,35%	48,39%	13,15%	x	0,49%	-0,34%	-21,85%	x
ERCROS, S.A.	-3,37%	-92,33%	1,83%	24,19%	-0,06%	1215,09%	-5,40%	14,58%
FERROVIAL, S.A.	-46,98%	-74,57%	-7,89%	-10,63%	-3,20%	71,36%	-16,06%	5,07%
GAMESA CORPORACIÓN TECNOLÓGICA, S.A.	314,86%	147,14%	22,25%	10,53%	-9,18%	-774,30%	-11,19%	-19,57%
OBRASCON HUARTE LAIN, S.A.	2,57%	-17,39%	-1,87%	-0,98%	-5,57%	-11,06%	-26,59%	-30,70%

EMPRESAS SECTOR 3	2011				2012			
	ACTIVOS	BAII	SC1	SC2	ACTIVOS	BAII	SC1	SC2
GRIFOLS, S.A.	198,57%	-49,28%	174,87%	397,21%	-0,22%	384,80%	-5,85%	-5,48%
INDUSTRIA DE DISEÑO TEXTIL, S.A."INDITEX"	17,88%	10,23%	-4,16%	-5,87%	11,53%	22,35%	11,68%	-0,44%

EMPRESAS SECTOR 4	2011				2012			
	ACTIVOS	BAII	SC1	SC2	ACTIVOS	BAII	SC1	SC2
ABERTIS INFRAESTRUCTURAS, S.A.	-10,05%	5,76%	-6,30%	-10,85%	27,86%	14,76%	0,75%	-0,81%
MELIÁ HOTELS INTERNATIONAL, S.A.	-0,61%	-20,09%	67,83%	44,35%	3,22%	15,54%	8,36%	6,56%
NH HOTELES, S.A.	-7,33%	-108,18%	15,53%	-26,90%	-8,19%	-9204,77%	-36,97%	-5,27%

Fuente: Elaboración Propia

Anexo 4. Crecimiento por sectores de los años 2011 y 2012 (continuación)

EMPRESAS SECTOR 5	2011	2012

	ACTIVOS	BAII	SC1	SC2	ACTIVOS	BAII	SC1	SC2
BANCO POPULAR ESPAÑOL, S.A.	0,60%	-46,65%	-15,50%	478,42%	20,39%	-886,17%	-6,75%	107,40%
BANCO DE SABADELL, S.A.	16,03%	-61,38%	-12,27%	1128,37%	60,84%	-261,11%	-0,26%	-98,12%
BANCO SANTANDER, S.A.	2,79%	-34,13%	1,30%	-9,20%	1,45%	-55,30%	5,24%	-10,83%
BANKINTER, S.A.	9,86%	17,02%	-15,33%	-13,40%	-2,23%	-35,80%	28,40%	34,45%
BANCO BILBAO VIZCAYA ARGENTARIA, S.A.	8,13%	-46,34%	17,31%	4,41%	6,71%	-51,86%	-7,00%	-11,86%
CAIXABANK, S.A.	430,39%	-38,40%	-0,93%	-3,15%	28,80%	-105,38%	0,51%	-5,19%
MAPFRE, S.A.	12,70%	14,39%	152,61%	77,15%	3,88%	-16,18%	125,83%	13,22%
EMPRESAS SECTOR 6	2011				2012			
	ACTIVOS	BAII	SC1	SC2	ACTIVOS	BAII	SC1	SC2
INDRA SISTEMAS, S.A., SERIE A	18,45%	-0,15%	103,35%	-10,57%	6,56%	-30,01%	-7,66%	6,60%
TELEFÓNICA, S.A.	-0,12%	-53,33%	-11,95%	-4,30%	0,12%	-9,62%	-0,35%	2,08%

Fuente: Elaboración Propia

Anexo 5. Niveles de Rentabilidad Económica. Grupo de empresas cotizadas, 2010-2012

EMPRESA	RE 2010	RE 2011	RE 2012

SECTOR 1			
ENAGÁS, S.A.	6,92%	6,74%	6,71%
ENDESA, S.A.	10,41%	7,11%	6,51%
GAS NATURAL SDG, S.A.	4,15%	4,35%	4,70%
IBERDROLA, S.A.	4,10%	3,56%	3,18%
RED ELECTRICA CORPORACION, S.A.(R.E.E)	6,77%	7,80%	7,38%
REPSOL, S.A.	9,78%	3,89%	5,46%
SECTOR 2			
ABENGOA, S.A.	1,55%	0,82%	0,24%
ACCIONA, S.A.	1,17%	1,10%	1,24%
FERROVIAL, S.A.	4,00%	1,92%	3,39%
OBRASCON HUARTE LAIN, S.A.	3,03%	2,44%	2,30%
SECTOR 3			
GRIFOLS, S.A.	8,35%	1,42%	6,89%
INDUSTRIA DE DISEÑO TEXTIL, S.A."INDITEX"	27,85%	26,04%	28,57%
SECTOR 4			
ABERTIS INFRAESTRUCTURAS, S.A.	3,83%	4,51%	4,04%
MELIÁ HOTELS INTERNATIONAL, S.A.	1,89%	1,52%	1,70%
SECTOR 5			
BANCO SANTANDER, S.A.	0,99%	0,63%	0,28%
BANKINTER, S.A.	0,38%	0,40%	0,27%
BANCO BILBAO VIZCAYA ARGENTARIA, S.A.	1,16%	0,58%	0,26%
MAPFRE, S.A.	2,94%	2,98%	2,41%
SECTOR 6			
INDRA SISTEMAS, S.A., SERIE A	7,85%	6,62%	4,35%
TELEFÓNICA, S.A.	10,71%	5,01%	4,52%

Fuente: Elaboración Propia

More Books!

yes

I want morebooks!

Buy your books fast and straightforward online - at one of the world's fastest growing online book stores! Environmentally sound due to Print-on-Demand technologies.

Buy your books online at

www.get-morebooks.com

¡Compre sus libros rápido y directo en internet, en una de las librerías en línea con mayor crecimiento en el mundo! Producción que protege el medio ambiente a través de las tecnologías de impresión bajo demanda.

Compre sus libros online en

www.morebooks.es

OmniScriptum Marketing DEU GmbH
Heinrich-Böcking-Str. 6-8
D - 66121 Saarbrücken
Telefax: +49 681 93 81 567-9

info@omniscriptum.com
www.omniscriptum.com

OMNIScriptum

FSC
www.fsc.org
MIX
Papier | Fördert gute Waldnutzung
FSC® C083411

Kolibri 360 GmbH
Ferdinand-Jühlke-Straße 7
99095 Erfurt, Deutschland
produktsicherheit@kolibri360.de

Druck:
CPI Druckdienstleistungen GmbH
im Auftrag der
Kolibri 360 GmbH
Ferdinand-Jühlke-Str. 7
99095 Erfurt